Copyright © 2020 by Thandee & Jaymee

All rights reserved. No part of this book may be reproduced without written permission of the copyright owner, except for the use of limited quotations for the purpose of book reviews.

Presented to:

_____

_____

Having You on our Team makes all the Difference.
Merry Christmas and A Prosperous 2021.

Audit your mistakes

Today I'm grateful for

BE A GIVER

TODAY I'M GRATEFUL FOR

Be a Goal Getter!

TODAY I'M GRATEFUL FOR

Be constantly curious

Today I'm grateful for

Be the change

Today I'm grateful for

Be the best version of you!

Today I'm grateful for

Be obsessively grateful

TODAY I'M GRATEFUL FOR

Believe you can

TODAY I'M GRATEFUL FOR

Block out haters

Today I'm grateful for

Brainstorm alternative ideas

Today I'm grateful for

Branding is essential

Today I'm grateful for

Build quality relationships

Today I'm grateful for

Build strategic partnerships

Today I'm grateful for

Celebrate all success

Today I'm grateful for

Competition fuels growth

Today I'm grateful for

Conquer from within

Today I'm grateful for

Count your blessings

TODAY I'M GRATEFUL FOR

Dare to Suck

TODAY I'M GRATEFUL FOR

Do it now

Today I'm grateful for

Embrace constant change

TODAY I'M GRATEFUL FOR

ENJOY LIFE

TODAY I'M GRATEFUL FOR

Every moment matters

Today I'm grateful for

Exceptional makes memorable

Today I'm grateful for

Feed your soul

Today I'm grateful for

FOCUS AND WIN

TODAY I'M GRATEFUL FOR

Good vibes only

Today I'm grateful for

Grace under pressure

Today I'm grateful for

Handle breakdowns immediately

Today I'm grateful for

Happiness is Choice

TODAY I'M GRATEFUL FOR

HEALTH IS WEALTH

TODAY I'M GRATEFUL FOR

Identify key milestones

Today I'm grateful for

It is possible

TODAY I'M GRATEFUL FOR

Keep moving forward

Today I'm grateful for

Keep morale high

Today I'm grateful for

Laughter is medicine

Today I'm grateful for

Leaders are early

Today I'm grateful for

Learn from yesterday

Today I'm grateful for

Life is awesome

Today I'm grateful for

LIFE WON'T WAIT

TODAY I'M GRATEFUL FOR

LIVE LIFE DAILY

TODAY I'M GRATEFUL FOR

Live, love, laugh

TODAY I'M GRATEFUL FOR

LIVE YOUR POTENTIAL

TODAY I'M GRATEFUL FOR

Maintain your integrity

TODAY I'M GRATEFUL FOR

MANAGE YOUR REPUTATION

== TODAY I'M GRATEFUL FOR ==

Manage resources effectively

TODAY I'M GRATEFUL FOR

Mastery abhors mediocrity

Today I'm grateful for

Model the Masters

Today I'm Grateful For

Monitor budgets regularly

TODAY I'M GRATEFUL FOR

NEVER GIVE UP

TODAY I'M GRATEFUL FOR

Never look back

TODAY I'M GRATEFUL FOR

Nothing is Impossible

Today I'm Grateful For

Now or never

TODAY I'M GRATEFUL FOR

Nurture your best

Today I'm grateful for

Peace, love & happiness

TODAY I'M GRATEFUL FOR

Perfectionism stalls progress

TODAY I'M GRATEFUL FOR

Prioritize all tasks

Today I'm grateful for

Reduce your overheads

Today I'm grateful for

Remember to Live

Today I'm Grateful For

Reward high performance

=== TODAY I'M GRATEFUL FOR ===

Seize the day

Today I'm grateful for

Set clear targets

TODAY I'M GRATEFUL FOR

Settle your debts

Today I'm grateful for

Speak the truth

―― TODAY I'M GRATEFUL FOR ――

Stop underestimating yourself

Today I'm grateful for

Success breeds success

Today I'm grateful for

Success is yours

Today I'm grateful for

Take the risk

Today I'm grateful for

Teamwork makes the dream work

TODAY I'M GRATEFUL FOR

Time heals everything

Today I'm grateful for

Think outside the box

Today I'm grateful for

Track all progress

Today I'm grateful for

Value Your Time

Today I'm Grateful For

Winners never quit

today i'm grateful for

Yes, you can!

TODAY I'M GRATEFUL FOR

You're awesome and I know it!

TODAY I'M GRATEFUL FOR

You've Got This!

Today I'm Grateful For

Never have a lack of goals.

"If you're bored with life, you don't get up every morning with a burning desire to do things – you don't have enough goals."

—LOU HOLTZ

Key Objective _____

Goal Checklist

_____ ☐
_____ ☐
_____ ☐
_____ ☐
_____ ☐
_____ ☐
_____ ☐
_____ ☐
_____ ☐
_____ ☐

Places to Visit

_____ ☐
_____ ☐
_____ ☐
_____ ☐
_____ ☐

People to Meet

_____ ☐
_____ ☐
_____ ☐
_____ ☐
_____ ☐

Notes

Key Objective

Goal Checklist

Places to Visit

People to Meet

Notes

Key Objective

Goal Checklist

Places to Visit

People to Meet

Notes

Key Objective

Goal Checklist

Places to Visit

People to Meet

Notes

Key Objective _____

Goal Checklist

_____ ☐
_____ ☐
_____ ☐
_____ ☐
_____ ☐
_____ ☐
_____ ☐
_____ ☐
_____ ☐
_____ ☐

Places to Visit

_____ ☐
_____ ☐
_____ ☐
_____ ☐
_____ ☐

People to Meet

_____ ☐
_____ ☐
_____ ☐
_____ ☐
_____ ☐

Notes

Key Objective

Goal Checklist

Places to Visit

People to Meet

Notes

Key Objective

Goal Checklist

Places to Visit

People to Meet

Notes

Key Objective _____

Goal Checklist

_____ ☐
_____ ☐
_____ ☐
_____ ☐
_____ ☐
_____ ☐
_____ ☐
_____ ☐
_____ ☐
_____ ☐

Places to Visit

_____ ☐
_____ ☐
_____ ☐
_____ ☐
_____ ☐

People to Meet

_____ ☐
_____ ☐
_____ ☐
_____ ☐
_____ ☐

Notes

Key Objective _____

Goal Checklist

_____ ☐
_____ ☐
_____ ☐
_____ ☐
_____ ☐
_____ ☐
_____ ☐
_____ ☐
_____ ☐
_____ ☐

Places to Visit

_____ ☐
_____ ☐
_____ ☐
_____ ☐
_____ ☐

People to Meet

_____ ☐
_____ ☐
_____ ☐
_____ ☐
_____ ☐

Notes

Weekly Checklist

Monday

Tuesday

Wednesday

Thursday

Friday

Saturday

Sunday

Every Day

Weekly Checklist

Monday

Tuesday

Wednesday

Thursday

Friday

Saturday

Sunday

Every Day

Weekly Checklist

Monday

- ☐
- ☐
- ☐
- ☐
- ☐

Tuesday

- ☐
- ☐
- ☐
- ☐
- ☐

Wednesday

- ☐
- ☐
- ☐
- ☐
- ☐

Thursday

- ☐
- ☐
- ☐
- ☐
- ☐

Friday

- ☐
- ☐
- ☐
- ☐
- ☐

Saturday

- ☐
- ☐
- ☐
- ☐
- ☐

Sunday

- ☐
- ☐
- ☐
- ☐
- ☐

Every Day

- ☐
- ☐
- ☐
- ☐
- ☐

Weekly Checklist

Monday

- [ ] _____
- [ ] _____
- [ ] _____
- [ ] _____
- [ ] _____

Tuesday

- [ ] _____
- [ ] _____
- [ ] _____
- [ ] _____
- [ ] _____

Wednesday

- [ ] _____
- [ ] _____
- [ ] _____
- [ ] _____
- [ ] _____

Thursday

- [ ] _____
- [ ] _____
- [ ] _____
- [ ] _____
- [ ] _____

Friday

- [ ] _____
- [ ] _____
- [ ] _____
- [ ] _____
- [ ] _____

Saturday

- [ ] _____
- [ ] _____
- [ ] _____
- [ ] _____
- [ ] _____

Sunday

- [ ] _____
- [ ] _____
- [ ] _____
- [ ] _____
- [ ] _____

Every Day

- [ ] _____
- [ ] _____
- [ ] _____
- [ ] _____
- [ ] _____

Weekly Checklist

Monday

Tuesday

Wednesday

Thursday

Friday

Saturday

Sunday

Every Day

Weekly Checklist

Monday

Tuesday

Wednesday

Thursday

Friday

Saturday

Sunday

Every Day

Weekly Checklist

Monday

Tuesday

Wednesday

Thursday

Friday

Saturday

Sunday

Every Day

Weekly Checklist

Monday

Tuesday

Wednesday

Thursday

Friday

Saturday

Sunday

Every Day

Weekly Checklist

Monday

- [ ] _____
- [ ] _____
- [ ] _____
- [ ] _____
- [ ] _____

Tuesday

- [ ] _____
- [ ] _____
- [ ] _____
- [ ] _____
- [ ] _____

Wednesday

- [ ] _____
- [ ] _____
- [ ] _____
- [ ] _____
- [ ] _____

Thursday

- [ ] _____
- [ ] _____
- [ ] _____
- [ ] _____
- [ ] _____

Friday

- [ ] _____
- [ ] _____
- [ ] _____
- [ ] _____
- [ ] _____

Saturday

- [ ] _____
- [ ] _____
- [ ] _____
- [ ] _____
- [ ] _____

Sunday

- [ ] _____
- [ ] _____
- [ ] _____
- [ ] _____
- [ ] _____

Every Day

- [ ] _____
- [ ] _____
- [ ] _____
- [ ] _____
- [ ] _____

Weekly Checklist

Monday

- [ ] _____
- [ ] _____
- [ ] _____
- [ ] _____
- [ ] _____

Tuesday

- [ ] _____
- [ ] _____
- [ ] _____
- [ ] _____
- [ ] _____

Wednesday

- [ ] _____
- [ ] _____
- [ ] _____
- [ ] _____
- [ ] _____

Thursday

- [ ] _____
- [ ] _____
- [ ] _____
- [ ] _____
- [ ] _____

Friday

- [ ] _____
- [ ] _____
- [ ] _____
- [ ] _____
- [ ] _____

Saturday

- [ ] _____
- [ ] _____
- [ ] _____
- [ ] _____
- [ ] _____

Sunday

- [ ] _____
- [ ] _____
- [ ] _____
- [ ] _____
- [ ] _____

Every Day

- [ ] _____
- [ ] _____
- [ ] _____
- [ ] _____
- [ ] _____

Weekly Checklist

Monday
- [ ]
- [ ]
- [ ]
- [ ]
- [ ]

Tuesday
- [ ]
- [ ]
- [ ]
- [ ]
- [ ]

Wednesday
- [ ]
- [ ]
- [ ]
- [ ]
- [ ]

Thursday
- [ ]
- [ ]
- [ ]
- [ ]
- [ ]

Friday
- [ ]
- [ ]
- [ ]
- [ ]
- [ ]

Saturday
- [ ]
- [ ]
- [ ]
- [ ]
- [ ]

Sunday
- [ ]
- [ ]
- [ ]
- [ ]
- [ ]

Every Day
- [ ]
- [ ]
- [ ]
- [ ]
- [ ]

Weekly Checklist

Monday

- [ ] _____
- [ ] _____
- [ ] _____
- [ ] _____
- [ ] _____

Tuesday

- [ ] _____
- [ ] _____
- [ ] _____
- [ ] _____
- [ ] _____

Wednesday

- [ ] _____
- [ ] _____
- [ ] _____
- [ ] _____
- [ ] _____

Thursday

- [ ] _____
- [ ] _____
- [ ] _____
- [ ] _____
- [ ] _____

Friday

- [ ] _____
- [ ] _____
- [ ] _____
- [ ] _____
- [ ] _____

Saturday

- [ ] _____
- [ ] _____
- [ ] _____
- [ ] _____
- [ ] _____

Sunday

- [ ] _____
- [ ] _____
- [ ] _____
- [ ] _____
- [ ] _____

Every Day

- [ ] _____
- [ ] _____
- [ ] _____
- [ ] _____
- [ ] _____

Weekly Checklist

Monday
- [ ]
- [ ]
- [ ]
- [ ]
- [ ]

Tuesday
- [ ]
- [ ]
- [ ]
- [ ]
- [ ]

Wednesday
- [ ]
- [ ]
- [ ]
- [ ]
- [ ]

Thursday
- [ ]
- [ ]
- [ ]
- [ ]
- [ ]

Friday
- [ ]
- [ ]
- [ ]
- [ ]
- [ ]

Saturday
- [ ]
- [ ]
- [ ]
- [ ]
- [ ]

Sunday
- [ ]
- [ ]
- [ ]
- [ ]
- [ ]

Every Day
- [ ]
- [ ]
- [ ]
- [ ]
- [ ]

Weekly Checklist

Monday

- [ ] _____
- [ ] _____
- [ ] _____
- [ ] _____
- [ ] _____

Tuesday

- [ ] _____
- [ ] _____
- [ ] _____
- [ ] _____
- [ ] _____

Wednesday

- [ ] _____
- [ ] _____
- [ ] _____
- [ ] _____
- [ ] _____

Thursday

- [ ] _____
- [ ] _____
- [ ] _____
- [ ] _____
- [ ] _____

Friday

- [ ] _____
- [ ] _____
- [ ] _____
- [ ] _____
- [ ] _____

Saturday

- [ ] _____
- [ ] _____
- [ ] _____
- [ ] _____
- [ ] _____

Sunday

- [ ] _____
- [ ] _____
- [ ] _____
- [ ] _____
- [ ] _____

Every Day

- [ ] _____
- [ ] _____
- [ ] _____
- [ ] _____
- [ ] _____

Weekly Checklist

Monday

Tuesday

Wednesday

Thursday

Friday

Saturday

Sunday

Every Day

Weekly Checklist

Monday
- [ ] _____
- [ ] _____
- [ ] _____
- [ ] _____
- [ ] _____

Tuesday
- [ ] _____
- [ ] _____
- [ ] _____
- [ ] _____
- [ ] _____

Wednesday
- [ ] _____
- [ ] _____
- [ ] _____
- [ ] _____
- [ ] _____

Thursday
- [ ] _____
- [ ] _____
- [ ] _____
- [ ] _____
- [ ] _____

Friday
- [ ] _____
- [ ] _____
- [ ] _____
- [ ] _____
- [ ] _____

Saturday
- [ ] _____
- [ ] _____
- [ ] _____
- [ ] _____
- [ ] _____

Sunday
- [ ] _____
- [ ] _____
- [ ] _____
- [ ] _____
- [ ] _____

Every Day
- [ ] _____
- [ ] _____
- [ ] _____
- [ ] _____
- [ ] _____

Weekly Checklist

Monday

Tuesday

Wednesday

Thursday

Friday

Saturday

Sunday

Every Day

Weekly Checklist

Monday

☐
☐
☐
☐
☐

Tuesday

☐
☐
☐
☐
☐

Wednesday

☐
☐
☐
☐
☐

Thursday

☐
☐
☐
☐
☐

Friday

☐
☐
☐
☐
☐

Saturday

☐
☐
☐
☐
☐

Sunday

☐
☐
☐
☐
☐

Every Day

☐
☐
☐
☐
☐

Weekly Checklist

Monday

☐
☐
☐
☐
☐

Tuesday

☐
☐
☐
☐
☐

Wednesday

☐
☐
☐
☐
☐

Thursday

☐
☐
☐
☐
☐

Friday

☐
☐
☐
☐
☐

Saturday

☐
☐
☐
☐
☐

Sunday

☐
☐
☐
☐
☐

Every Day

☐
☐
☐
☐
☐

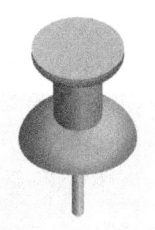

Your hard work makes us who we are. May this Christmas season bring you and your families enough joy and laughter to last a lifetime. Merry Christmas, and best wishes for a healthy and prosperous New Year in 2021.

Made in the USA
Las Vegas, NV
10 December 2023